JN412085

동동구리무

리토피아포에지 · 161
동동구리무
인쇄 2025. 5. 10 발행 2025. 5. 15
지은이 이소애 펴낸이 정기옥
펴낸곳 리토피아
출판등록 2006. 6. 15. 제2006-12호
주소 21315 인천광역시 부평구 평천로255번길 13, 부평테크노파크M2 903호
전화 032-883-5356 전송032-891-5356
홈페이지 www.litopia21.com 전자우편 litopia999@naver.com

ISBN-978-89-6412-202-0 03810

값 12,000원

* 본 도서는 (재)전북특별자치도 문화관광재단 2025 문화예술육성지원 사업에 선정되어 보조금을 지원받은 사업입니다.

이소애 시집

동동구리무

시인의 말

외로움이 시가 되었다.
천천히 천천히 시간을 밟는다.

폭염과 폭우 사이로 나이가 도착했다.
다름과 틀림의 사이에서 방황하다가
감정의 색을 엮었다.

내 영혼은 시와 동행한다.

베토벤 교향곡 '5번' 1악장,
운명처럼 나를 노크한다.

2025년 봄
이소애

차례

제1부 어우러져야 꽃

제2부 천천히 스미다

제3부 오래된 사랑

제4부 나이가 도착했습니다

| 제1부 |

어우러져야 꽃

아카시아꽃

꽃에 가시가 있다
분노와 미움 아닌
오랜 갈망 같은

저 혼자만 향기로운 듯
멀리 퍼트리고 싶은
풍문 같은

아직 열아홉 적
다가산 말랭이에서 듣던
봄밤 세레나데

가시는 꽃의 존재 이유다
스스로 저를 찌르며
향기 퍼져나가는

동동구리무

완산칠봉이 보이는 남문시장 다리 밑에 사람들이 둘러앉았다

손잔등에 하얀 구리무 찍어 발라주던, 동동구리무 장사 어름새가 구경꾼을 불렀다
구리무, 콧구멍에 들이대면 장미꽃이 피어났다 손바닥에 비벼 얼굴에 서너 번 문지르면
다림질하듯 쫘악 펴졌다고 꽃 소문내던 전주천 물소리

북 장구 울러 메고 이쪽저쪽 절룩거리며 웃음을 팔던 품바 장단에
어깨 들썩이며 얼씨구, 숙제를 잊곤 했다

어느 날엔 마루에 내팽개친 책가방이 다리 밑으로 나를 찾으러 왔다
달그림자가 전주천으로 길게 내려오고
등짝에서 장구 소리가 나던 날, 아팠다

엄마 화장대 속 동동구리무, 튼 얼굴에 가려운 버짐 꽃이

피어나면

손가락으로 찍어 그림을 그리던

분 냄새가 좋기만 하던 사춘기이었다

백제의 영혼

백제 땅을 밟으며 소리를 듣는다

일천팔백 보 벽골제 둑을 걸으면 백제 비류왕이
삼국사기 책장을 넘기는 저수지 물소리 들린다

느티나무 널을 놓은 자리 도르래가 물길을 터주는
수문 석주에서 백성의 함성이 들린다

되배미는 백제 사람만이 아는 계산법, 500명 꽉꽉
채우는 논을 만들어 빠르게 세는 가쁜 숨소리

신털미산에 올라 신발을 털어본다
먼 백제의 소리 듣는다

한나절 벽골제 둑방에 홀로 앉아
저수지로 흘러드는 풍요로운 백성들 소리를 듣는다

서로 살 맞대고 살다 간 영혼들

어우러져야 꽃

박조가리나물이라고도 부르는 흔하디흔한 보리뱅이가 전주천 둑방길에 피었다

가난뱅이 주정뱅이와 어우러져야 보리뱅이다 잡초 우거진 언덕 노란 꽃을 보고 못마땅해 눈 흘겨야 5월은 온다

어린 시절 빛바랜 사진 속 봄소식 슬피 지저귄다 고무줄 늘어진 몸빼바지와 옷고름 뜯겨나간 저고리의 기억이 피어난다

새끼손톱 같은 꽃, 그냥 지나가면 소리 지르는 꽃, 주정뱅이처럼 혀 꼬부라진 소리로 부른다 "죽도록 사랑해" 노란 우산꽃이 절로 가난해 보인다

'보리뱅이 씨', 존경을 담아 부르고 싶을 때도 있었다

대둔산 녹두꽃

대둔산 마천대 오르면
핏물 든 녹두꽃이 핀다

만경강 둑방길 걸어
청포장수 울고 갔던 눈물 자국을 밟으면
삼례 역참의 함성이 들린다

지나가는 바람의 꽁지를 붙잡고
처참했을 옛 북소리 들어본다

가슴 때리며 울부짖던
백성의 몸부림은 기암괴석 되었나,
최후의 항전지 뾰족바위에 올라선다

새야새야 파랑새가 바람을 끌고 간다

올해도 녹두꽃은 피고
파랑새는 슬피 운다

만가리 황톳길

걸음이 길이 되었다
맨발이 발자국을 불렀다
생의 고통은 황톳길이 되었다

뜨겁고 깊게 흔들리는 몸을
따뜻하게 손잡아주는 길
멈추지 않고 맨발이 걷는다

우리가 걸어온 상처는
구불구불 흔들렸고
흔들리지 않으려 몸은
길 위에 꾸욱꾹 맨발 눌러 찍었다

고통은 멀어지고 환희는 가까워지고
황톳길 맨발로 걷는다

대마도 파도 소리

파도가 풍물처럼 장단을 맞춘다
꽹과리, 북, 징 소리처럼 들리다가
눈물 젖은 한이 갈기갈기 찢어져
울음소리 띠에 매단다
허공을 휘휘, 영혼의 통곡 같다

맑은 날 한국 땅 보인다기에
언덕에 오르다가 그만 삐끗했다
내가 밟은 땅이 일본이라고
전망대 쪽 바람이 귀띔한다

조심조심 계단을 내려오는데
온몸이 절룩거린다
'이왕조종가결혼봉축기념비'
덕혜옹주의 피울음인 듯
목구멍이 뜨겁다

오월 봄바람에
조선 치마저고리 옷고름이 풀어진다

풀어진 옷고름에 피눈물 붉다

부서지는 파도만 부서지는 바람만
옛날 같았다

만경강 둘레길

기억을 밟으며 만경강 둘레길을 걷는다
더듬더듬 청춘의 나를 찾아보는 둑방길

밤티재 넘어 발길 멈추면
밤샘에서 솟아오르는 맑은 영혼이 보였다

밤티마을 지나 대아저수지 돌아
회포대교와 삼례읍 하리교 신천습지에서
고마리 가시연꽃 피는 습지에서
강물처럼 느릿느릿 내가 되어 본다
만경강 철교 바라보며 쉬엄쉬엄 걷다가
비익조比翼鳥처럼 비비정 마을에서 사랑을 줍고

만경강은 어리연꽃이 지킨다
아무렇게나 더부살이로 돼지풀도 뽐낸다
갈퀴나물꽃과 냉이꽃이 시들면 살금살금 겨울이 온다
심장이 뜨거울 때까지 별빛이 잠드는

남방큰돌고래

사람과 자연이 공존한다

파도 위에 걸터앉으면
바다가 사람을 사랑하는 걸
알게 된다

바다가 나를 끌어당긴다
남방큰돌고래 타전하는 소리 들린다

밑바닥에서 솟아오르는
고래의 꿈이 부푼다
물질하는 해녀 뒤를 밟으며
함께 살자 유혹한다

오월 밤하늘
별빛 펑펑 꽃망울로 터진다

서귀포 앞바다에
삼팔이 춘삼이 제돌이랑, 남방큰돌고래가 산다
꼬리에 새긴 이름이 파도다

호랑가시나무

마지막 달력을 넘기는 날
30번 국도를 달려 보라

바닷가 호랑가시나무가
푸르고 성스러운 초록으로
허전함을 달래 주리
풍성하고 너그러운
가시 많은 잎과 붉은 열매에
고통은 푸르르리

바닷가 낮은 산, 볕 잘 드는 곳
하루하루 호랑이발톱으로
찔려야 하는 이유도 물어보라
부들부들 떨리는 후회할 날들이
새해 새 달력을 넘기며
부둥켜안을지도 모른다

가슴이 차갑게 식거든
가서 호랑가시나무 가시에 찔려보라

그날 곰소만을 적시는 노을은
피보다 붉으리

희년禧年 2025

2025년 달력이 걸려 있다
희년禧年

25년마다 거행되는
참회와 용서 칸 칸마다 넘치고
미움이 회초리 때린다
아프다

어쩔거나
아직 그녀에 대한 분노
물고기처럼 펄떡펄떡 뛴다
꼬리와 지느러미가 땅을 치고
미움은 커져만 가는데
슬프다

양심을 간짓대에 매달아 놓고
'거룩한 문'을 드나드는 바람처럼
봉쇄와 열림의 햇살처럼
용서가 사랑으로 바뀔 수는

없는 걸까?

사랑이 스미지 않은 그녀가 보인다
아프다
슬프다

대추나무

분명 치매는 아닐 터

대추나무가 공황장애를 앓고 있다
우듬지에 감시카메라를 설치한 뒤부터
시름시름 고개 떨구는 나뭇가지들
가지가 품고 사는 뾰족한 가시가 문드러졌다
석양이 아파트 베란다에서 갸웃갸웃할 때
톱날에 반쪽 잘린 대추나무
나무는 비명을 지르지 않고 제 몸을 내주었다
양손 위로 올리고 벌을 쐬는 학생처럼
온종일 오가는 사람 쳐다보는 일

우크라이나 총소리가 들리는지
러시아 땅에 북한군이 도착했다는
방송에 놀라는 대추나무가 바싹 야위었다
이스라엘 미사일 불빛이 대추나무는
지구를 나이테처럼 새기고 있는데
백령도서 이륙했다는 무인기로 전단 살포했노라고
나무는 훔쳐 듣고 나에게 귀띔한다

〉

빙하가 바다로 나동그라진다
빙하가 녹으면 억눌렸던 대추나무는
온난화가 가속화되어 화산활동 하듯
분노가 폭팔한다는 기상예보
대추나무가 확성기를 대고 소리친다

꽃밭에는 눈물이

꽃밭에는 눈물이 모여 산다
눈물은
채송화 봉선화 백일홍 접시꽃 분꽃 그리고 할미꽃이
생의 어둠을 서로 닦아주면서 꽃 핀다

판문점 도보다리 숲속에는 새들이 노래 부른다
박새 직박구리 방울새 오색딱따구리 알락할미새
남북을 오가는 바람 손짓하면 미움은 버리고 모인다

도서관 강의실엔 덩굴장미꽃이 화려하고
화려해서 바라만 보아도 수업 시간이 꿀맛이다

Fuzzy Wuzzy was a bear
Fuzzy Wuzzy, Fuzzy Wuzzy

주방을 오가며 Fuzzy Wuzzy, Fuzzy Wuzzy
꼬부랑꼬부랑 소리가 꼬여 새벽 봄바람이
전주천 만경강 건너는 백로를 불러

〉

"Keep me company."

"Keep me company."

당신의 술잔이 되고 싶었다

차고 뜨거웠다
말이 취기를 흥분시키고
혀 꼬부라진 생각이 돌돌 말리자
당신은 폭포수처럼 쏟아져 내렸다

술이 세상을 거꾸로 돌렸나,
사람이 별똥별이 되어
하늘에서 스러질 때

당신은 멱살을 잡고 흔들기도
폭군처럼 세상을 뒤엎기도 했다
비틀비틀 어둠을 내몰며
나보다 술을 더 사랑했다

술이 술을 부르던
취하지 않고는 아무것도 할 수 없었던
그날, 깎아지른 벼랑에 아슬아슬
당신의 술잔이 되고 싶었다

| 제2부 |

천천히 스미다

초빈草殯

이엉을 덮고 잔다
별이 부서지도록 쟁기질하며
밤새 우황 든 소처럼 울었다

논밭을 밟으며
고삐를 당겼다가 풀었을 때
휘어진 생은 딸랑거리며 흔들렸다

소를 몰던 아버지가
절뚝거리기 시작했을 즈음
이엉이 별을 덮었다

내장산 자락을 휘도는 소쩍새 눈물
붉은 단풍은
들녘을 깨우던 두 눈의 핏발 같았다

봉분은 문드러진 지 오래,
내장 솔티 숲
계곡으로 피눈물이 넘친다는 소문이
길게 이어졌다

쥐땅나무꽃

휠체어 바퀴살에 쥐땅나무꽃이 핀다

7월 태풍이 사내의 목덜미를 잡아당긴다 링거에 매달린 숨소리는 붉은여우처럼 신음한다 소름 끼치는 생의 메아리 흰 꽃은 감마나이프 방사선 시술실에서 아슬아슬하게 핀 공포다

휠체어 바퀴를 눈으로 굴리는
풍차에 돌진하는 미치광이가
오르막길 담장 아래 나무를
허기져 훔쳐본다
함성처럼 추락하는
비탈을 기어오르는 휠체어를
잡아당기는 꽃,

물고기처럼 강을 거슬러 올라간다
꼬리지느러미가 물살을 찢는다
겨드랑이에 바큇살이 끼었다

〉

7월 바람이 생을 끌고 잉여의 외로움에 정착한다 수치심을 자극하면 감정이 만발하는 쉬땅나무, 바퀴가 바람을 찢어 막다른 골목에 풀어 놓는다 눈물처럼 피어나는 꽃, 미간을 찌푸린다

살아야 하는 이유가 번뜩인다

나 혼자 말하며 나 혼자 듣는다

말라비틀어진
해당화에서
색의 재앙을 본다

쓸데없이,
라는 말이 문턱을 드나들 때
칼날 같은 증오심이 자극한다
박쥐처럼 날아서
그 집에 가고 싶다

내가 혼자 지껄이는 말을
나 혼자 듣고
혼자서 슬퍼하는 습관으로
해당화 색이 처참하게 말라간다

채반에 널어놓은
굴비 비늘 같은 찰나의 빛이
토막토막 시간을 쪼갠다
가끔 안부를 물을 때

꽃이 열매를 깨우는 충격으로
다시 삶이 시작된다

내 안에 내가 있어
중얼거리며 산다
사랑을 배울 자유시간이 걸어온다

천천히, 천천히 기억한다

장맛비가 내린다
하늘도 눈물을 주룩주룩
훌쩍거린다
지팡이가 꽂히는 대로 중심 잡고
길이 당기는 쪽으로 가고 있다

멍든 팔뚝에 핀 자귀나무꽃
옛 생각 아슬아슬 가물거린다
빗물은 도랑물처럼
천천히 천천히 마음에 스며든다

발뒤꿈치 든 분홍 합환목
자기 뜻대로 아무것도 할 수 없는
눈동자가 붉다

너무 많은 나를 지웠다
그를 위하여 살아야 했고
그를 위해 숨 쉬었다
〉

화선지 같은 가슴에 빗물이 번진다
비는 그칠 기미도 없다

횃불이 붉다

횃불은 내가 살아 있다는 증거, 사막 한가운데에서 위치를 알린다

방황하는 나를 위한 신호등, 유일한 구조선 같은 것

가슴앓이로 물든 붉은 빛이 악마를 쫓아낸다는데

나를 공격하는 맹수들에게만 보이는 마술 같은, 횃불은 적들에게는 보이지 않는 액막이 연 같은

어둠에 떨고 있는 나를 위하여 어둠이 만든 횃불이 붉다

존재를 감춘 어둠 속에서 나는 귀밝이술을 마신다

팽이처럼 돈다

새날을 위한 기도

파도가 밀려오면 무지개 꿈을 꾼다

풍차를 향해 달려드는 돈키호테처럼 넘실대는 현실 앞에 돌진한다

나는 상처 입은 물고기, 바다는 핏빛 소리를 풀어놓는다

적막을 깨뜨리는 앓는 소리,

바다의 파도처럼 오늘이 또 내일을 향해 너울거린다

하루하루 스테인드글라스와 같은 찰나의 연속, 발뒤꿈치 들고 발자국을 찍는다

기도는 멈추거나 잠들지 않는다

월명공원

냉동된 사랑이다

첫 기억 잊고 사는
당신 마음속 귀퉁이에
세월에 휩쓸려 가는 내가 있다
외톨이 늙은 수사자 같은 당신 곁에

월명공원에 다시 오른다면
굽은 허리는
메타세쿼이아 가지에 걸쳐놓고
거꾸로 가는 바퀴를 굴릴 거다

막다른 골목 가로등 불빛에
두 그림자 겹칠 때
가슴팍 끌어당기던 당신,
어제인 듯 또렸하겠다

옹알이하듯 목구멍에서 맴돌던 말
다시는 더듬거리지 않는

고개만 끄덕이는
늙어버린 사랑이 있다

강아지풀

습관처럼 꼬리 흔드는
강아지풀,
공손한 사랑이다

너에게 가려면
내 안의 구비를 넘어야 한다
한 발짝 또 한 발짝

차마 부끄러운 듯
공손히 걸어야 한다

만경강물 출렁거리며
흘러흘러 간다

물수제비 은빛 물무늬처럼
강아지풀 꼬리처럼
나 흔들린다

사스래나무

앙상한 겨울 숲속
키 작은 사스래나무 한 그루
휘어지고 부러졌다

힘겹게 양팔에 쌓인
눈을 견디며 꼼짝하지 않는다
매서운 북풍을 견디고 있다

깜깜한 어둠을 견디며
온몸으로 바람을 맞는 것,
모른 채 볕 좋은 날을 흘려보낸
늦은 참회다
자꾸 사그라드는 정신 줄 놓치지 않으려
제 몸에 대는 채찍이다

깊고 어두운 속죄의 계절이 지나면
부러지고 휜 키 작은 사스래나무 가지에
연초록 새잎이 피어날 것이다
앙상한 작은 숲을 큰 초록으로
물들일 것이다

십자가의 길에서 만난 성모님께

이 세상 가장 힘들고 불행한 사람이라고 울부짖을 때
깜깜한 숲속에서 길을 잃고 헤매는 짐승처럼
절박하게, 간절하게
매 맞은 자국에서 흐르는 핏방울 찍어 아픔을 적습니다
절망과 원망을 지우기 힘들 때, 그 노여움을 참아내기 위해
떨리는 마음 장미꽃잎에 편지 씁니다

창공을 날다가 고층빌딩 유리 벽에 부딪혀 죽은 새처럼
비참한 생을 거두지 않기 위하여 십자가의 길에 성모님
만나러 갑니다

사형선고 받은 아들 곁에서 모욕을 참아내는 성모님의
파리한 손등에, 용서를 청하는 자의 떨리는 손을 얹고
참혹했던 기억을 불러 엎드려 글을 적습니다

천둥 번개가
장미꽃 가시에 찔린 연필 쥔 손마디 꺾는다 해도
아플수록 살아야겠다는 용기로 다시 일어나게 하소서
부러지면 땅바닥에 엎드려

향기를 잃지 않은 장미꽃으로 살게 하소서
전쟁터 총소리 대신
평화를 지저귀는 새 소리가 온 세상에 울려 퍼지게 하소서

가장 가깝고 화목해야 할 가족으로부터 받은 상처에서
벗어나지 못하고 방황할 때
아들의 시신을 품에 안으신
어머니의 참혹한 모습은 우리를
부끄럽게 합니다, 통회합니다

내 뜻대로 아무 일도 할 수 없고
기억을 붙잡으려 구석구석 손바닥으로 기는 날이 닥쳐도
그 어떤 아픔과 시련에도
믿음을 저울질하는 습관에서 벗어나게 하소서

소리내어 말하지는 못하고
장미꽃 한 잎 한 잎에 마음을 새기어 꽃바구니에 담습니다
죄와 허물 때문에 떳떳하지 못했던 믿음 용서받기 위하여
고통 잊기 위하여

바구니 넘치도록 꽃편지 드립니다

어린아이, 젊은이, 노인과 병든 자
이 세상 모두의 마음 담아 성모님께 올립니다
한 말씀만 하소서

목마른 자의 절규

"목마른 사람은 다 나에게 와서 마셔라"

두 손 오므려서 주님의 은총 한 모금 마시러 왔습니다
몸과 마음의 아픔을 견디어 내는 힘을 주소서

성령의 빛으로도 흔들리지 않을
주님의 전달자 일꾼으로 정의롭도록 지혜 주시옵소서

성령의 광채, 그 눈 부신 빛으로
고뇌의 심장을 언어로 엮어서
밤하늘 별처럼 반짝반짝 빛나게 하소서
넘어졌을 때 믿음으로 일어설 수 있는 용기 주시옵소서

서로 다른 언어로 같은 신앙을 고백하듯
종소리 같은 아름다운 언어로 세상에 울려 퍼지게 하소서

6월의 기도는 목마른 자의 절규입니다

자유인

산투르 연주를 위하여 떠도는 삶을 사는
〈그리스인 조르바〉의 자유로운 영혼처럼

영혼과 마음을 편안하게 해주는 말
"함께"하는 춤이
절망을 건져 올린 울림이었다

영혼은 크레타 해변 그 남자와의 기억을 불러
양팔 벌린 어깨동무가 파도를 만들었다

"투게더"
"렛츠 고"
"어게인"

외로운 파도 냄새가 사람과 사람 사이에 뜨겁다
위로
밑으로
더 빠르게
열정적인 춤이 새의 날개처럼

바다의 고요에서 선율을 만든다

신들린 듯 춤추고 싶을 때
파도 소리가
깎아지른 절벽에서 아무것도 두려워하지 않는
자유인으로 "Let's go together"

몸이 간청하면 고난은 나를
더 단단하게 만든다지
고통을 우아하게
팔소매 걷어 올리면서
몸으로 말하는 자유를 함께 즐기고 싶어
그 남자의 차디찬 손을 붙잡고
"Let's go together again"

고삐

막걸리 한 사발은
고통을 덜기 위한 마취제였던가
내 삶은 통제되기 시작했다

수레를, 쟁기를 끌 때
나는 소였다
어깨는 차츰 구부러졌다

코뚜레에 묶은 줄을 당기며
늘 눈치를 살폈다
두덩에 빠지지 않고
고랑 끝에서 멈출 줄 아는
공부에 시달렸다

병원을 순례하는 시간에
종말이 올 것만 같은
고삐는 생과 사의 내비게이션이다

삶의 고통을 통제하는

고삐는 늙은 깨달음이다
오랜 탐구다

빛을 통해 그이를 본다

내가 보는 모든 세상은 빛이다

빛을 통해 그이를 본다
억겁의 시간이 물결치는 무늬와
검은 점들이 쩜쩜 박힌 버섯의 그늘과
금방 삼킨 알약이 미끄러지는 소음도
빛이 직진하는 바퀴 자국이 내 눈을 향해 날아오는
물체의 색을 빛은 솔직하게
비추는 마법이 있다

빛은 그이를 눈으로 본다
풍성한 색으로 내 몸에 투영된 수채화는
빛의 옆모습이 없다, 빛이 색을 그려줄 뿐이다

하늘은 왜 파랗지? 라고 질문할 때
기린봉에 떠오른 아침 태양은 내 감정의 색이다
노을은 노랗게 색을 조절하고
은사시나무잎에 빛의 반사와
빛의 흡수와 빛의 굴절

무지갯빛 색상은
그이가 살아왔던 일기장의 공간이었다

내가 보이는 그이를 낡음에서
열정의 근육이 울퉁불퉁한 산맥을 넘나들며
빛의 양을 소통한 생명 같은 색의 온도는
강한 빛으로, 빛의 리듬처럼
따뜻하고 아름다운 추억으로 성장했다

사랑하는 것, 그 색보다 아름다울 수 없었다
소중한 사랑을 빛으로 그이를 본다

부활

호랑가시나무,
혹한의 겨울을 건너야 비로소 초록으로 핀다

견디는 설움이 뾰족한 가시를 잎으로 만든다

시련은 대장간 담금질 같은 것
제 몸, 제 속을 두드리고 달구고 식히는 사이
가시는 초록이 된다

고통은 부활로 완성된다는 걸
꽃밭을 매며 알았다 호미를 보고 알았다

| 제3부 |

오래된 사랑

무지개

오랜 기다림 끝에
잠시 빛이 번쩍거리는

잡힐 듯하여 달려가 보면
더 멀리 달아나는
꿈속의 꿈

행여 소나기 그치고 나면
잡힐지 몰라
숨 가쁘던 한나절

먹장구름 헤치고
찾아 나서 볼까?

오랜 그리움 끝에 만날 수 있는
신기루 같은 당신

코제트Cosette

레 미제라블의 소녀 코제트처럼
내 키보다 큰 빗자루를 들고
맨발로 불행을 쓸었다
내 몸보다 야윈 자화상이 늘 눈물 흘렸다

증오와 원망, 자괴감을 쓰레기통에 담아
가난한 사람은 더 가난해진다는
신사 양반 집 앞으로
빗자루를 던지고 싶었던 미움이 쌓였다

사춘기 저항은 코제트 빗자루,
세상을 쓸어버리겠다는 각오 점점 커졌을 때
빵에 대한 분노가 무너지기 시작했다
고뇌하는 인간으로 분명 살고 싶었다

인간의 생명은 욕심으로 익어간 열매,
비참한 생각으로 방황할 때
용서하라는 가난이 밀려오면
빗자루보다 큰 내 몸값을 지불하는
코제트가 있었다

꽃처럼 붉은

옆구리에 그이를 끼고
유효기간 지난 여권 사진 보톡스로 메꾼다
삼박오일 다낭에서
잃어버린 청춘을 찾으리

젖가슴 미어지는 수영복 입고
물고기처럼 바다를 누비다가
숯불구이 스테이크 자르리

돌돌 말리는 혓바닥 굴리며
달콤하고 쌉싸름한
포도주 이름이 떠오를 때까지 기억 더듬어보리

건배, 발밑으로 밀려오는 파도가
슬프게 기분 좋은 다낭 바닷가에서
다시 또 찌릿한 전율을 만끽하리

옛 유행가로 손뼉 치며 불러내는 한 시절
사랑이 불타던 곳 다낭에 가면
깜박깜박 흑백 영화도 꽃처럼 붉겠다

오래된 사랑

냄비에서 라면이 끓습니다
쭈그러진 쪽에서
거품이 올라옵니다

사랑한다는 말 잊었지만
물이 끓고 보글보글
맛이 끓습니다

잔불처럼 추억처럼
나도 당신도 은근히 밝습니다

쭈그러진 냄비에서
구불구불 라면이 끓습니다
그 누구도 끌 수 없는
불입니다

묵상默想

울지 않게 하소서
삶을 포기하지 않게 하소서
내가 나를 미워하지 않게 하시옵고
내가 나를 용서하듯
남을 용서하게 해 주시옵소서
원망에 눈멀어
절벽에서 떠밀지 않게 하소서
칼로 도려내는 후회를
불태우소서 흔적 남기지 마옵소서
풍랑을 만나거든
파도를 사랑하는 마음 갖게 하소서
그렇게 살도록 일으켜주소서
그렇게 사랑하도록 손잡아주소서

계속 살아야 하는 이유

바큇살이
아침 해를 둥글게 말고 있다

휠체어가 굴러간다
노란 경계선이
내비게이션처럼 끌고 간다

비탈에 막혀 눈빛이 어둡다
내뱉는 숨비소리만이
절대적 존재 증명

저 혼자 갈 수 없어
온 힘을 다해 멈춰선
저 이
끝내 살아야 할 이유겠다

반짝 아침 햇살로 굴러가는
바퀴

첫눈

첫눈은 창밖에 내리는데
커튼으로 반쯤 가린 거실에 눈보라가 친다

생각이 쌓여 눈물처럼 흘러내린다
마지막 눈일지도 모른다는 방정맞은 나이가
좁은 거실에서 미끄러진다

나뭇가지에 매달린
아슬아슬한 시간을 붙든 첫눈
외줄 타는 광대처럼 위태롭다

아파트 화단을 소리 없이 덮는 눈발
영원한 이별에 대한 두려움도 그렇게
쌓여간다

꽃 한 송이

중환자실엔 꽃이 없다

미운 당신이라 썼다가
파도 한 번 생각하고
불쌍한 당신이라 썼다가
하늘 한 번 올려다 본다

뜨겁게 눈물이 지나가고
수평선에서 달려오는 파도가
시절을 몰고 온다

그만 시들어버리는 당신
내 가슴에 다시 한 송이 꽃으로
피어나라

늦단풍

바람에 흩날리는
낙엽 같은 단풍이다
몇 방울 눈물로
세월을 꼽고 있다

지나온 초록의 날처럼
가야 할 날들도
아름다울 거라 위로해야지
바람 앞에 흔들린 평생
서럽지 않았다고
말해 줘야지

아직 뜨겁다는 헛짚은 마음만
울긋불긋한

진혼곡鎭魂曲

가사 없는 노래를 부른다
악보 없는 나팔 소리가 넋을 부른다

바람과 물과 땅은 그대로인데
세상 밖으로 밀려난 상처가
눈물이다

죽은 친구의 넋을 위로하는
애절한 노래 울려 퍼진다

가지 마라, 가지 마
황량한 벌판에 나 홀로 꽃피우라니

뒤돌아보지 않고 떠난 영혼 붙잡는
소리 없는 나팔 소리

미안해

반백 년 동안 처음 들어본
"미안해"
깜짝, 목구멍에 걸린 대답은
"괜찮아"

고장 난 줄 알았던 그 사람

눈물

사랑이 녹아 있네
눈물에는
마지막 편지처럼
슬픔이 물들었네

마지막이라는 말이
자꾸만 두려워
당신과 나 사이에
섶다리를 놓는

흐르는 눈물에는
용서와 미움이 녹아 있네

나 그 강을 건너
당신께 가네

별 둘, 별 하나

보고 싶을 때
밤하늘 올려다보면 되던 것을

문득 그리울 땐 별을 부르면
내 곁에 오던 것을

초록 바위 산비탈
고봉밥처럼 핀 이팝꽃 부러워하며
보리밥 도시락 나눠 먹던 우리 셋

기린봉 길섶 네잎클로버 책갈피에 끼우고
꽃반지 낀 손가락 걸었던

별 둘은 은하수 건너가
대답 없는 그리움만 하늘에 걸려 있고

별 하나,
고봉 흰 쌀밥 차려놓고 쓸쓸히 남아 있다
이팝꽃으로

고통의 무게

세상엔
잘라낼 것 너무 많았다

한뼘 두뼘
당신의 자로 당신을 재며
비로소 따뜻한 용서
울컥 치밀었다

고통이
다듬잇돌처럼 짓누르다가
홑이불처럼 가벼워졌다

봉동 생강

생강은 시詩에 맛 들었다.
봉동엔 토종 생강이 싹 틔울 때
부직포 깔아주고 모판흙에다 꿈을 묻고
물만 마시며 참고 견디라 했다
군데군데 싹눈이 나올 흙냄새가
모난 생각 보듬어주는 빛에 버무린 희망이었다

밭고랑 드나드는 어머니 등허리에
생강이 삐죽,
생강이 늙을 때까지 어머니는 미인이었다
굴곡진 깊은 생의 주름보다
맛으로 승부를 거는 토종 생강이었다
생강차가 심장을 달랠 때에도
온화함에 순응하는 것
토종 생강이 매달렸다

| 제4부 |

나이가 도착했습니다

호박

소똥구리가 경단을 굴리면

아버지는 두엄을 내고 씨를 묻었다

경단처럼 둥그렇게 호박이 열리고

아버지 잔등이 먼저 익어가고

해와 달도 굴러갔다

비탈길에서도 포기하지 않는 소똥구리

물구나무로 매달린 둥근 호박을 굴리며 아버지는 일터로 가셨던가,

데굴데굴 논두렁에 걸린 하루해가 보름달로 떠올랐다

둥글둥글 늙은 호박으로 죽을 쑨다

뉘 집 두엄을 내나, 구수하게 떠오르는 아버지

시시詩詩한 이야기

아무리 덜어내도 무겁다
자포자기도 모자라 벌벌거리며
벼린 날 위에 선다

게워 내고 싶은 것들은
한 알의 진통제,
피어날 듯 꺼진 불을 살린다
맨발에 솟는 붉은 피

어제 손가락이 문드러지고
내일 또 엉덩이가 짓무를
날 선 통증은 차라리 아편이다

머리를 쥐어뜯고
생살을 도려낸다, 아물지 않을
상처를 옮겨 적는다

들릴 듯 보일 듯 잡힐 듯
이어지는 끝없는 핑계로

오늘도 변명은 길다

내림굿이다
평생 작두날 위에 서 있어야만 하는
천형이다

나이가 도착했습니다

탱자나무 가시가 찔러댑니다
발 없이 잘도 가는
툇마루 뉘엿뉘엿
나이가 도착했습니다

저녁 어스름 분꽃 필 무렵
씨간장 같은
진한 눈물이 고입니다
노을 사잇길로
꼭지 마른 수박 같은
나이가 도착했습니다

들이닥친 나이 앞에
나를 떨굴 연습이 필요한데
탱자나무 가시처럼
사랑은 자꾸 찔러댑니다

나이가 도착했습니다
지우개 같은

수박

삼십 년만이라는
된더위와 장마통에 영근
수박

칼끝으로 찌르니
쩌억, 갈라지는
땀방울이 붉다

폭우를 용서하고
폭풍을 쓰다듬는
둥글둥글 자비가 모나지 않다

햇살 고루고루
달콤하다

미제레레Miserere

주여 불쌍히 여기소서

카르투시오 봉쇄수도원은 침묵이 말이네, 웅변을 참회하는 종소리가 들리네

스테인드글라스 빛을 밟고 지나가는 수도사의 굵은 손마디는 고행의 흔적, 내 잘못을 대신 씻어 줄 거룩한 상처

더듬더듬 숨 쉬는 속도에서 신의 음성이 멈췄네, 가난한 정신과 깡마른 영혼을 위로하는 영원한 침묵

돌기둥 틈새를 비집고 신께 나를 의탁하네, 마음 순수한 사람에게만 별빛이 보인다기에 눈 감고 별을 찾네

내 잘못이라 덮어둔 뚜껑은 열고 미워하는 마음엔 높게 담을 쌓아 올리네, 분노는 연기처럼 날려 보내네

한때의 욕망을 눈물로 참회하는 내가 보이네, 용서를 구하며 나는 광활한 우주의 별 하나 가슴에 담네

'미제레레'

주여 불쌍히 여기소서

시마詩魔

칼을 들고 어휘들이 덩실거린다

얼뜨고 뒤뚱거리며
자포자기 허우적거리며
없는 문이 열린다

어둠이 빛난다
온갖 물감이 섞여 까만 태양으로 빛난다

한 움큼 알약같이
통증을 달래고
맹물이 피가 되어 가슴을 적신다

해 질 녘 어스름이 별처럼 빛난다
가난한 외로움이 존재 증명하듯
말 아닌 말이 얼싸안고 춤을 춘다

소름의 기억을 쓸어 담고
강물처럼 휘돌던 무녀의 버선발이 젖는다
손끝이 심장처럼 할딱거린다

돼지감자꽃

비탈지고 척박한 땅에
겸손하고 소박하고 강인한
돼지감자꽃이 피었다

감마나이프 수술 자국처럼
포기하지 말라고 희망을 준다
뇌를 뚫던 방사선처럼
황무지에 빛으로 피었다

햇볕 한 줌 바람 두어 자락,
아픔을 견딘 영혼이다
외로운 풍경 소리가 들린다

울퉁불퉁한 길 건너와
내 손 잡아 준
그 꽃 냄새가 환희로 넘친다

과속하지 마라,
노란 교통신호등처럼 돼지감자꽃이
깜박깜박 피었다

5월에는 기도하게 하소서

시련과 고통을 참고 견딜 때
아픔이 아픔을 위하여 기도하게 하소서

가난한 사람의 마디 굵은 손을 잡아 줄 때
시린 무릎 사이로 휘도는 찬바람 감싸줄 때
영원한 기쁨을 누리게 하소서

누군가가 소외되고 외로운 나를
책임져 준다는 믿음 없어도
5월엔 아름다운 하루가 기억에서 반짝입니다

입생로랑 한 방울 향수는
가장 어둡고 추운 새벽
발칸산맥 장미꽃잎의 눈물입니다

기도는
절망에서 보이는 겸손의 향기입니다
햇볕 한 조각입니다
〉

세상의 슬픔에서 벗어나게 할 '마니피캇'을
부릅니다
5월에는 기도하게 하소서

나도 꽃

–문두근희수기념문집 축하 시

작은 것에 허리를 굽히는 사람
남보다 한 걸음 뒤에
남보다 한 계단 아래에 서 있는
자기 것이 아닌 것 기웃거리지도 않는
넘보지도 않고 감사를 바치는
그런 사람

크레바스 갈라지는 뇌성처럼
무섭지도 위협적이지도 않은
고요한 사람

조개껍데기 나이테 같은
『꽃만 아름다운 것은 아니다』를 보내왔다
오른손도 따뜻하고 왼손도 따뜻한 사람이
내 책꽂이에 들어앉았다

그 책장 넘기고 넘기다가
"나도 꽃이다"라고 소리를 그려 넣었다
황혼 녘 삼종기도 올리는 밀레의 〈만종〉처럼
종소리 울렸다

바지락칼국수

시가 고팠다

후루룩 국수 가닥을 넘기는 찰나 은유가 번뜩였다

꼼지락거렸고 용케 바지락이 숨구멍을 찾아냈다

내가 머뭇거리자 바지락칼국수는 수평선 넘어 파도를 업고 왔다

호박 고명 국수 그릇에 밀물과 썰물이 드나들었다

갯벌엔 함지박을 밀고 다니는 아낙의 머릿수건이 나풀거렸다

장화 신고 호미로 바지락을 캤다 어느덧 노을이 물들었다

마침표를 찍고 칼국수 국물 들이켰다

잊어야 하나요, 잊을 수 있을까요

—이운룡 박사님께 바치는 추모 시

잊어야 하나요, 잊을 수 있을까요, 촘촘히 박힌 못 자국 같은 기억을 어떻게 멈추게 하나요 목이 긴 새가 섶다리를 건너갑니다

마타리꽃 시든 언덕에 나팔꽃 예쁘게 피어 기쁜 소식 기다렸는데, 꽃은 섶다리가 출렁일 때마다 뒤돌아보지 않고 시들었습니다

돼지감자꽃이 뚱딴지꽃이라는 걸 알았을 무렵, 조각 이불 바느질하듯 시어를 장롱에 쟁여놓고 가르쳐 주시던 목소리가 새소리처럼 고왔습니다

머뭇머뭇 뒷걸음칠 때, 용케 눈치채시고 물 한 대접 꿀꺽 마시더니 가끔 장어구이보다 생강이 몸에 좋다며 상추쌈에 올려주셨던 기억이 스밉니다

격조 높은 시, 치열한 언어의 꼭짓점에 도달한 시인, 매우 젊고 연둣빛 새순처럼 청정하여 싱그럽다며 등을 다독거려 주시던 따뜻한 손이 절 키우셨습니다

〉

칭찬받고 싶어서, 자랑하고 싶어서 선생님 곁을 떠나지 못했는데, 시 한 편 쓰고 시 두 편 엮어서 어디로 가야 합니까? 어느 별 찾아 사막 위에 쓴 시를 보여드릴까요

보고 싶은 마음으로 국수 곱빼기로 시켜놓고요, 칼국수 집에 가서 빈자리에 그림자를 모시겠습니다 그믐달이 아파트 꼭대기에 매달릴 때 시와 씨름하겠습니다

낯설게 먹기

마지막 식사가 되었다
모악산 그림자 맨 끝자락 풍천장어집에서 시를 마무리하자던 전화 받았다

그날, 식탁엔 모악산 산그늘이 조용히 내려와 있었고 가쁜 숨소리가 의자 밑으로 숨었다 마지막처럼 상추엔 물기가 말라있었다

풍천장어보다 생강을 많이 먹으라며 상추쌈에 탑처럼 쌓아주신 손마디는 가늘게 떨리고 있었다 낯설게 먹는 짧고 슬픈 강의를 밥숟가락으로 떠주신 그날,

시도 낯설게 씹으면 참 맛있지, 사하라에서 생명체를 발견하듯 신비롭지, 생강을 많이 먹으면 시가 줄줄 나와……, 별빛은 방향을 잃었다

행과 행 사이에 당신의 온기가 심장에 스며들 무렵, 고통을 견디어 내는 거친 파도 같은 숨비소리에 노을이 슬피 울다 갔다

〉

그날은 가버렸고, 돌아오지 않는 사람의 기억은 시에 물들었다 그리움이 한겨울 감나무에 매달린 까치밥처럼 붉다

시를 쓰다

빛의 여운에 현혹되는 순간이었다

뜸방 치마에 블라우스를 걸치듯
밭고랑에 뿌린 씨앗이 삐쭉삐쭉
버릇없이 제멋대로 돋아난 초록이 꼼지락꼼지락
감정을 키웠다

된더위에 깡마른 기억이
설 자리 잃고 방황할 때
멸칫국물에 감칠맛 나는 시어를 꺼내
접시에 담아주셨다

당신의 눈길이 머물렀던 곳에
덜 익은 언어를 포개며 나는
얼마나 떨었는지,
며칠 컴퓨터가 열리지 않았다

점점 풋내 가시고
줄기에 잎이 돋기 시작했다

시집은 두꺼워져 가고 언어는 풍년이었다

상이 치밀하고
태가 진지하다며
등 다독여 주신 당신을 기억할 때
언어를 시로 세상에 내놓는 힘, 컸다

다름과 틀림

사랑하는 당신이 내가 아닌 것은
다름이고
사랑하는 당신을 외면하는 나는
틀림이다

다크서클이 지운 눈동자에
내 가슴 멍들어가는 것은
다름이고
지팡이로 기울어진 당신이 대문 여는 소리
삐걱대는 것은
틀림이다

|해설|

고통으로 길을 낸 환한 전언

—이소애의 시세계

손현숙 | 시인. 고려대 강사

시인은 오늘도 길 위에 서 있다. 그리고 잠시 멈춰 서서 그가 걸었던 무수한 길들을 돌아다본다. 모두가 고통이었고 그러나 모두가 환희였다. 고통과 환희가 한 자리에서 나란히 포개지는 이 시간, 시인은 더 이상 백지 위에서 두렵지 않다. 그는 담담하게 걸어왔던 그의 이야기를 침착하고 차분하게 받아 적는다. 대단한 무엇이 아니라도 그 한순간을 잊을 수 없게 만드는 시인의 필체는 그래서 환하고 그래서 더 슬프다. 그렇게 고통의 서사인 '이소애'의 시편들은 그가 겪었던 한순간과 한 장면들을 또박또박 받아 적어 그단의 길을 열어서 보여준다.

결국 고통으로 점철된 그의 시편들은 고통이 시의 출발점이라고 말한다. 고통 없이는 세상의 열매는 없는 것이라고 이야기한다. 황톳길에서 한 발짝씩 떼는 일도 결국은 자기 자신이 젊어지고 앞으로 나아가야 하는 소명임을 알고 있다. 시인은 고통을 통해 인간의 깊은 감정과 경험을 이해하고, 이를 시로 표현함으로써 미지의 당신들에게 공감과 위로를 전달한다. 그것은 고통을 통해 인간의 본성과 삶의 의미를 탐구하고, 이를 통해 더 깊은 인간적 연결과 이해를 이루고자 하는 시인의 결의이기도 하다.

오래 탁마하고 고민했던 시인의 흔적은 그래서 미사여구보다는 진심과 진실 쪽으로 축을 기울인다. 시인에게 남은 시간을 손마디로 재면서 과거와 현재 그리고 미래의 시간까지도 모두 한 줄에 놓여 있다는 상념에 이른다. 기억 속에서 아스라이 저물어 갔던 그 한순간도 시의 형태로 불러오면 그때가 아닌 지금의 시간으로 부활하는 것을 누리면서 삶과 죽음까지도 하나의 행위였음을 간파한다. 무엇보다 이소애가 이 시집에서 강조하고 싶었던 전언은 인간의 삶과 고통, 그리고 존엄이다.

시인은 결국 '인간은 무엇으로 사는 것일까'를 고민한다. 그 치열함 속에서 시인은 결코 잊지 말아야 하는 덕목으로 각 개인의 삶 속에 녹아 있는 관계와 존엄을 고민한다. 그것은 삶의 의미와 투쟁, 그리고 그 속에서 찾아야 할 의미와 가치이다. 따라서 이소애의 이번 시집 『동동구리무』에 담긴

시편들은 인간과 삶의 내력, 그리고 존엄을 지향해 가는 인간관계에 대한 깊은 탐구를 보여준다.

따라서 시인은 『동동구리무』에 수록된 많은 시편들을 통해 인간이 맞닥뜨려야 하는 시간과 기억, 사랑에 대해 공감하고 질문한다. 그리고 서서히 저물어 가는 그 많은 사물들과의 이별 속에서 존재의 의미를 탐구하는 동시에 따뜻하게 살아야만 하는 삶의 본질을 제시한다.

여기에서는 #나를 붙드는 단단한 고통 #나를 나이게 하는 두 남자 #사물과 함께하는 나의 시간, 으로 시인의 고즈넉한 사색을 따라가 보기로 한다.

#나를 붙드는 단단한 고통

걸음이 길이 되었다
맨발이 발자국을 불렀다
생의 고통은 황톳길이 되었다

뜨겁고 깊게 흔들리는 몸을
따뜻하게 손잡아주는 길
멈추지 않고 맨발이 걷는다

우리가 걸어온 상처는
구불구불 흔들렸고

흔들리지 않으려 몸은
길 위에 꾸욱꾹 맨발 눌러 찍었다

고통은 멀어지고 환희는 가까워지고
황톳길 맨발로 걷는다

—「만가리 황톳길」

위의 시는 12행으로 이루어진 서정시다. 이 짧은 시에서 화자는 '맨발'이라는 시어를 매 연마다 한 번씩 언급한다. 그것은 화자가 느끼는 맨발의 의미란 단순한 행위라기보다는 모든 것을 벗어던진 상태에서 가장 낮은 자세의 무엇임을 언명한다. 지금 화자는 '만가리 황톳길'을 걷고 있다. 시의 첫 줄은 신이 내린다고 하듯이 화자 역시 시의 첫 줄에서 시인의 전언을 담고 있다. 그래서 "걸음이 길이 되었다"라고 시작하는 위의 시는 걷는다는 행위가 단순히 앞으로의 전진을 넘어선다는 선언적 발언이다. 그렇다면 걷는 행위가 길을 만든다는 것은 무엇을 의미할까. 아마도 생의 모든 것들은 인생 각자, 스스로가 걸은 만큼이 자기 것이 된다는 것을 이야기하고 있다. 그런데 그것도 모든 것을 내려놓은 상태의 하심일 때만 가능한 것이리라. 그렇게 화자는 지금 맨발로 황톳길을 걷고 있다. 황톳길을 걷는 걸음마다 발자국은 선명하게 새겨지고 그것은 마치 생의 고통처럼 깊게 각인이 된다. 더러는 흔들리고 넘어지기 일보 직전에서 황톳길은 화자의 몸을 잡아 주기도 한다. 몸의 기운이 빠지거나 혹은 중심을 잃어버리기도 하는 여러 시간 속을 화자는 묵묵하게 걷고 또 걷는다. 발바닥은 흙이 지고 상처를 입기도 하겠지만 화자는 "길 위에 꾸욱꾹 맨발 눌러 찍었다"로 허물어지거나 물러서지 않았던 스스로를 반추한다. 그렇게 치열하게 살아온 화자는 마침내 고통을 넘어서는 자리에 서게 된다. "구불구불 흔들렸고/흔들리지 않으려 몸"의 중심을, 정신을, 마음을, 다잡으면서 고통은 오히려 환희로 상처를 치유한다.

말라비틀어진
해당화에서
색의 재앙을 본다

쓸데없이,
라는 말이 문턱을 드나들 때
칼날 같은 증오심이 자극한다
박쥐처럼 날아서
그 집에 가고 싶다

내가 혼자 지껄이는 말을
나 혼자 듣고
혼자서 슬퍼하는 습관으로
해당화 색이 처참하게 말라간다

채반에 널어놓은
굴비 비늘 같은 찰나의 빛이

토막토막 시간을 쪼갠다
가끔 안부를 물을 때
꽃이 열매를 깨우는 충격으로
다시 삶이 시작된다

내 안에 내가 있어
중얼거리며 산다
사랑을 배울 자유시간이 걸어온다
—「나 혼자 말하며 나 혼자 듣는다」

해당화의 색은 붉음이다. 개화 시기는 초여름쯤으로 생의 한가운데 붉음으로 서있다는 상징적 의미를 내포한다. 화자는 지금 "내가 혼자 지껄이는 말을/나 혼자 듣고"라고 발화한다. 그러니까 지금의 상황은 "내 안에 내가 있어/중얼거리"는 것으로 대화의 대상은 곧 자기 자신이다. 따라서 시의 정황으로 미루어보아 화자는 지금 과거 어떤 장면을 해당화의 시듦을 비유로 반추하고 있다. 태양 아래 붉게 만개했던 해당화의 개화를 지나 어쩌면 환멸일지도 모르는 "말라비틀어진/해당화에서/색의 재앙을" 보면서 화자와 꽃의 시듦을 등가 위에 올려놓는다. 그리고 강렬한 부사어, "쓸데없이"가 한 행을 차지한다. 결코 되돌아갈 수 없는 시간의 거리에서 아직도 명확하게 풀어지지 않은 애매하고 집약적인 "증오"도 꿈틀거린다. 그렇다면 아직 화자의 심정저 속에는 어떤 사건이 진행 중일 터인데, 결국 증오는 그리움으로 " 박쥐처럼 날아서/그 집에 가고 싶다"의 발화로 속내를 드러낸다. 그러나 그것은 이미 색이 발한 과거의 일. 누군가의 안부를 혼자서 묻고 혼자서 답하는 고독의 시간 속에서도 "꽃이 열매를 깨우는 충격으로" 삶은 다시 지속된다는 것을 화자는 알고 있다. 어쩌랴, 속절없이 시간은 흘러가고 마음이 닿지 못한 그 거리에서 여전히 당신은 살아있으므로 해당화, 말라비틀어졌어도 사라지지 않는 존재의 발현은 화자에게 "사랑을 배울" 시간으로 여전히 살아서 걸어온다.

꽃에 가시가 있다
분노와 미움 아닌
오랜 갈망 같은

저 혼자만 향기로운 듯
멀리 퍼트리고 싶은
풍문 같은

아직 열아홉 적
다가산 말랭이에서 듣던
봄밤 세레나데

가시는 꽃의 존재 이유다
스스로 저를 찌르며
향기 퍼져나가는

—「아카시아꽃」

가시가 꽃의 존재라고 말하는 화자는 지금 과거를 소환 중이다. 그리고 본문 어디에도 꽃의 본질에 대해서는 언급이 없지만, 그 꽃에는 향기와 가시가 있다는 것으로 꽃의 존재를 알린다. 지금도 그곳에 존재하고 그때도 존재했을 그 꽃의 기억은 다가산 말랭이, 즉 다가산 높은 곳까지 독자를 끌고 간다. 아마도 화자는 그때 그 시절 그곳에서 누군가의 마음을 얻었던 모양이다. 그리고 그다음 연에 이어지는 가시의 존재로 보아 화자, 즉 시인은 가시가 되어서 누군가의 마음을 거절하거나 아프게 했던 정황이 보인다. 그러나 그 거절은 오히려 "스스로 저를 찌르며"의 발화로 솔직한 심정이라기보다는 시의 장면으로 미루어 짐작컨데 이루어지지 못한 사연이 된 것은 아니었을까. 시인이 어떤 객관적 상관물을 끌고 올 때는 저마다의 사연을 품고 있기 마련일진대, 화자 곧 시인은 이 봄에도 아카시 짙은 향내 앞에서 가시의 내력에 대해 깊은 사색을 하게 될 것이다. 열아홉 그 무렵의 그때로 돌아가서 다가산 말랭이, 그 짙은 향내 속으로 자신을 데리고 갈 것이고. 그렇게 가서 그때 그 풍문 같았던 봄밤의 세레나데는 여전히 아름다운 갈망으로 더없이 아름다워질 것이다.

나를 나이게 하는 두 남자

이엉을 덮고 잔다
별이 부서지도록 쟁기질하며

밤새 우황 든 소처럼 울었다

논밭을 밟으며
고삐를 당겼다가 풀었을 때
휘어진 생은 딸랑거리며 흔들렸다

소를 몰던 아버지가
절뚝거리기 시작했을 즈음
이엉이 별을 덮었다

내장산 자락을 휘도는 소쩍새 눈물
붉은 단풍은
들녘을 깨우던 두 눈의 핏발 같았다

봉분은 문드러진 지 오래,
내장 솔티 숲
계곡으로 피눈물이 넘친다는 소문이
길게 이어졌다

—「초빈草殯」

초빈은 사전적 의미로 사정상 장사를 치르지 못하고 송장을 방안에 둘 수 없을 때 한 데나 외지에 관을 놓고 이엉 따위로 그 위를 덮는 것을 말한다. 시인이 시의 제목을 아예 초빈으로 상정했을 때에는 그 정황의 슬픔을 토로하기 위함이 바른 해석이다. 위의 시는 첫 행의 "이엉을 덮고 잔다"의 발화로 처음부터 죽음이나 이별을 예감하게 한다. 그리고 이어지는 별, 즉 죽음은 "밤새 우황 든 소처럼 울었다"로 별과 이엉 그리고 우황의 연결이 어렵지 않게 그려지는 상징 발화를 한다. 아직은 누가 그렇게 슬픈 이별이나 죽음을 맞이한 것인지 드러나지는 않았지만 화자와 심정적으로 매우 가까운 사람의 주검을 연상하게 한다. 그리고 3연에 와서야 소를 몰던 아버지가 등장한다. 결국 "이엉이 별을 덮었다"로 아버지의 죽음을 선언하는 화자는 직접적인 슬픔을 토로하기보다는 별의 이미지를 빌려 와서 죽음을 예감하게 한다. 그리고 그 죽음은 너무나 큰 현실이어서 "들녘을 깨우던 두 눈의 핏발 같았다"로 화자의 깊은 아픔을 고백한다. 그렇게 평생 "고삐를 당겼다가 풀어" 가며 소처럼 일만 하시던 아버지와의 이별은 "내장산 자락을 휘도는 소쩍새 눈물"처럼 지나갔다. 그리고 그저 "봉분은 문드러진 지 오래," 된 아버지는 풍문처럼 "계곡으로 피눈물이 넘친다는 소문"으로만 살아있다. 그 누구도 살뜰하게 돌봐드리지 못한 그 세월의 정중앙에 서서 화자, 즉 시인은 이엉을 이불처럼 덮고 별이 된 아버지를 말없이 가슴에 깊이 묻었다.

소똥구리가 경단을 굴리면

아버지는 두엄을 내고 씨를 묻었다

경단처럼 둥그렇게 호박이 열리고

아버지 잔등이 먼저 익어가고

해와 달도 굴러갔다

비탈길에서도 포기하지 않는 소똥구리

물구나무로 매달린 둥근 호박을 굴리며 아버지는 일터로 가셨던가,

데굴데굴 논두렁에 걸린 하루해가 보름달로 떠올랐다

둥글둥글 늙은 호박으로 죽을 쑨다

뉘 집 두엄을 내나, 구수하게 떠오르는 아버지

—「호박」

시인에게 아버지는 어떤 모습이고 또한 어떤 존재로 각인이 된 것일까. 위의 시는 1행씩 10연으로 아버지의 노고와 자연의 순환을 통해, 우리가 살아가는 데 있어서 중요한 가치들을 표현 발화한다. 먼저, 시인은 소똥구리가 경단을 굴리는 모습을 통해 아버지의 노고를 비유적으로 구사하고 있다. "소똥구리가 경단을 굴리면//아버지는 두엄을 내고 씨를 묻었다"에서 시인은 소똥구리의 경단 굴리기를 아버지의 두엄 내기와 씨 뿌리기라는 노동과 자연스럽게 연결시킨다. 이는 아버지의 노고가 단순히 노동이 아니라, 자연의 순환에 동참하는 것이라는 점을 자연스럽게 언표한다. 또한, 시인은 호박이 경단처럼 둥글게 열리는 모습을 통해, 아버지의 노고가 결실을 맺게 되는 가치 있는 행위라는 것

도 상징발화 한다. 또한 시인은 호박과 소똥구리를 통해 자연의 순환을 한 장면으로 보여주면서 소똥구리가 경단을 굴리는 것처럼, 아버지는 잔등이 익어가도록 두엄을 내고 씨를 묻으며 호박을 키웠다는 것에 방점을 둔다. 그렇게 시인은 소똥구리와 호박 그리고 아버지 노동의 모습을 통해 자연의 순환을 어렵지 않게 이야기한다. 이는 자연이 단순한 자연 현상이 아니라, 우리 모두의 삶과 밀접하게 연결되어 있다는 점을 강조한다. 마지막으로 시인은 자연의 순환을 통해, 우리가 살아가는 데 있어서 중요한 가치는 무엇이며, 평생 수고해 주신 아버지를 다시 한번 환기 시킨다.

중환자실엔 꽃이 없다

미운 당신이라 썼다가
파도 한 번 생각하고
불쌍한 당신이라 썼다가
하늘 한 번 올려다 본다

뜨겁게 눈물이 지나가고
수평선에서 달려오는 파도가
시절을 몰고 온다

그만 시들어버리는 당신
내 가슴에 다시 한 송이 꽃으로
피어나라

—「꽃 한 송이」

이소애의 시집 속에는 중요한 남자가 두 명 등장한다. 한 분은 돌아가신 아버지이고 또 한 분은 시인의 남편이다. 이 두 남자는 시인의 시 속에서 설핏 섞이기도 하는데, 건강한 모습으로 등장하기보다는 돌아가셨거나 지금은 아픈 모습인 채 아련하게 그려진다. 위의 시는 아마도 시인, 곧 화자의 남편이 중환자실에 누워있는 정황으로 보인다. 시의 첫 행 "중환자실엔 꽃이 없다"의 발화는 아픈 사람들이 모여 있는, 그것도 위급한 사람들이 누워있는 중환자에는 생기가 없다는 말을 비유적으로 언표한 것이다. 한 시절을 함께 했던 그의 모습은 지금 중환자실에 생기 없는 꽃처럼 누워서 무력한 생을 살고 있다. 그 모습을 지켜봐야 하는 화자는 그간의 모든 것들이 주마등처럼 스친다. 그 회한과 정과 미움들을 파도에 씻겨 보내기도 하면서 화자는 환자인 남편을 살핀다. 그러나 그는 얼마 전까지도 "수평선에서 달려오는" 성난 파도처럼 튼튼한 사람이었다. 지금은 흔적조차 없지만, 그래서 시들어버렸지만, 화자는 간절하게 염원한다. "내 가슴에 다시 한 송이 꽃으로/피어나라" 그 간절한 보살핌은 결국 꽃 한 송이가 되어서 돌아왔다.

반백 년 동안 처음 들어본
"미안해"
깜짝, 목구멍에 걸린 대답은
"괜찮아"

고장 난 줄 알았던 그 사람

—「미안해」

세상엔
잘라낼 것 너무 많았다

한뼘 두뼘
당신의 자로 당신을 재며
비로소 따뜻한 용서
울컥 치밀었다

고통이
다듬잇돌처럼 짓누르다가
홑이불처럼 가벼워졌다

—「고통의 무게」

고통의 무게는 어떤 계량으로 잴 수 있는 것일까. 화자는 시 속에서 당신을 "고장 난 줄 알았던 그 사람"이라 언명한다. 단 한 번도 당신에게서 들어보지 못했던 "미안해" 어느 순간 어느 장소에서 화자에게 한 말인지는 몰라도 반백 년 만에 처음 들어보는 "미안해"는 화자에게 지난 모든 고통이 사라지는 한순간이 되었다. 착한 당신, 화자는 미안해 한 마디에 "깜짝, 목구멍에 걸린 대답"으로 "괜찮아"로 화답한다. 이 멀고도 가까운 거리에서 왜 화자와 당신 사이에는 그 흔하디 흔한 "미안해"가 오고가지 못한 것일까. 위에서 보여주는 두 편의 시는 모두 한 사람을 향한 시선이다. 그리고 두 편 모두 화해의 몸짓이 짙다. 그렇게 이소애 시집에 등장하는 두 남자의 특성은 모두가 과묵을 넘어선 먹먹한 자리에 서 있다. 아버지는 소처럼 일만 하시다가 이엉을 이불 삼아 별이 되신 분이고, 남편은 아내에게 "미안해"라는 말 한마디 시원하게 뱉지 못하는 사람이다. 그 속에서 화자는 당신과 소통하지 못하는 고통 속에서도 이해와 용서를 생각한다. "고통이/다듬잇돌처럼 짓누르다가/홑이불처럼 가벼"워지면서 "고장 난 줄 알았던 그 사람"에 대한 무게를 "미안해"의 고백에 "괜찮아"로 순하게 응답한다. 그러나 화자의 그 순한 대답은 이미 미안해, 라는 말조차 못 하는 사람의 속내를 미리 꿰뚫고 있었을지도 모르는 일이다.

사물과 함께하는 나의 시간

완산칠봉이 보이는 남문시장 다리 밑에 사람들이 둘러앉았다

손잔등에 하얀 구리무 찍어 발라주던, 동동구리무 장사 어릇새가 구경꾼을 불렀다
구리무, 콧구멍에 들이대면 장미꽃이 피어났다 손바닥에 비벼 얼굴에 서너 번 문지르면
다림질하듯 쫘악 펴졌다고 꽃 소문내던 전주천 물소리

북 장구 울러 메고 이쪽저쪽 절룩거리며 웃음을 팔던 품바 장단에
어깨 들썩이며 얼씨구, 숙제를 잊곤 했다

어느 날엔 마루에 내팽개친 책가방이 다리 밑으로 나를 찾으러 왔다
달그림자가 전주천으로 길게 내려오고
등짝에서 장구 소리가 나던 날, 아팠다

엄마 화장대 속 동동구리무, 튼 얼굴에 가려운 버짐 꽃이 피어나면
손가락으로 찍어 그림을 그리던

분 냄새가 좋기만 하던 사춘기이었다

―「동동구리무」

화자의 기억 속에 동동구리무는 사춘기와 겹치는 사물이다. 예뻐 보이고 싶었던 시절. 아마도 동동구리무는 화자의 로망이었을 터. 지금은 동동구리무라는 말을 쓰지 않지만 옛날에는 영양크림에 해당하는 저것을 무조건 동동구리무라고 불렀다. 동동은 행상들이 북을 칠 때 나는 의성어이고, 구리무는 행상들이 크림을 구리무라고 외친 데서 유래되었다. 시골마을에 보따리 행상이 나타나면 온 마을은 축제처럼 환해지기도 했으리라. 위의 시에서도 "북 장구 울러 메고 이쪽저쪽 절룩거리며 웃음을 팔던 품바 장단에/어깨 들썩이며 얼씨구, 숙제를 잊곤 했다"로 화자의 마음을 사로잡았던 행상의 등장은 축제를 연상하게 한다. 다리 밑에 사람들이 몰려들었고 화자는 숙제도 잊어버린 채 그 행렬 속에서 꽃처럼 피어나는 행복한 모습이다. 누구보다 돋보이고 싶었던 화자의 사춘기 시절. 그렇게 그 시절의 정 가운데에는 "꽃

소문내던 전주천 물소리" 같았던 한 장면이 있었다. 그 한 폭의 그림 속에는 분 냄새를 따라가는 한 소녀가 있었으니. 시인이여, 아름다운 그 시절 그 한때를 기억하는 지금이 어쩌면 가장 환하고도 아름다운 한때가 아닐는지.

바큇살이
아침 해를 둥글게 말고 있다

휠체어가 굴러간다
노란 경계선이
내비게이션처럼 끌고 간다

비탈에 막혀 눈빛이 어둡다
내뱉는 숨비소리만이
절대적 존재 증명

저 혼자 갈 수 없어
온 힘을 다해 멈춰선
저 이
끝내 살아야 할 이유겠다

반짝 아침 햇살로 굴러가는
바퀴

—「계속 살아야 하는 이유」

위의 시에서 휠체어에 탄 사람이 화자로 보이지는 않는다.

그러나 그 불편함과 기어이 살아내고 싶은 의지는 화자에게로 강하게 전도되어 기어이 해내고 싶은 각오를 낳게 한다. 그러니까 시의 정황상 누가 어떤 이유로 휠체어를 타고 있는지에 대하여서는 별다른 언급이 없다. 다만 "비탈에 막혀" 막막해하는 한 존재의 고뇌가 마지막 숨을 토해내는 듯 절박한 "숨비소리"로 치환이 된다. 그러나 그것은 "절대적 존재 증명" 절대적으로 살아있다는 절규로 보인다. 그렇다면 저 휠체어를 탄 저 이는 온몸으로 세상을 살아낼 수 있을까. 시 속에서 화자는 그러나 그 절박이 저 이를 살게 하는 이유라고 발화한다. 고통 속에서 다시 삶의 의미를 찾아내는 너무나 가혹하지만 가장 진실한 삶의 속성. 그렇게 시인은 삶은 누구에게나 고통을 바탕으로 하지만 결국은 끝까지 살아내야 하는 무엇이라는 전언을 "반짝 아침 햇살로 굴러가는 바퀴"로 담담하게 전한다. 왜 안 그렇겠는가, "저 혼자는 갈 수 없어/온 힘을 다해 멈춰 선" 그 순간이 바로 역설적이게도 살아있음의 증거라는 것을 시인은 이미 알고 있기 때문이다.

이소애의 시집 전체를 관통하는 단어는 고통과 시간이다. 시인은 고통의 어떤 장면 앞에서도 고개 숙이거나 그냥 지나친 적이 없다. 매 순간 그것들과 맞서면서 객관적으로 바라보기를 시도한다. 그런 맥락으로 시인은 사랑하는 사람의 죽음 앞에서도 마치 그것들을 일평생 준비해 온 사람처럼 담담하려고 노력한다. 시간의 담론에 대하여 누구보다 천착하면서도 그러나 그것들과 용감하게 마주 서는 시인. 그래서 더욱더 이소애의 그 담담한 시선은 애틋하고 아프다. 그래서 이 시집은 고통으로 길을 낸 환한 전언이 맞다. 마지막으로 시인이 하고 싶은 시간에 대한 아름다운 시를 여기 적는 것으로 이소애 시인의 시집 『동동구리무』의 출간을 축하한다.

탱자나무 가시가 찔러댑니다
발 없이 잘도 가는
툇마루 뉘엿뉘엿
나이가 도착했습니다

저녁 어스름 분꽃 필 무렵
씨간장 같은
진한 눈물이 고입니다
노을 사잇길로
꼭지 마른 수박 같은
나이가 도착했습니다

들이닥친 나이 앞에
나를 떨굴 연습이 필요한데
탱자나무 가시처럼
사랑은 자꾸 찔러댑니다

나이가 도착했습니다
지우개 같은

—「나이가 도착했습니다」